打開本書的這一刻，
就是改變的開始！

Spencer Johnson, M.D.

史賓賽·強森博士

峰與谷

Peaks and Valleys

超越逆境、享受順境的人生禮物

Making Good And Bad Times Work For You—At Work And In Life

謝佳眞 譯

數十位各界名人一致誠懇推薦！

──依姓名筆劃序排列──

──國立台北藝術大學舞蹈學院院長──**平珩**

──名主持人．作家──**朱衛茵**

──暨南、靜宜、清華大學榮譽教授──**李家同**

──信義房屋董事長──**周俊吉**

──凱基投信總經理──**周雷**

──中華人事主管協會執行長──**林由敏**

──台北市立景美女中校長──**林麗華**

──104人力銀行行銷總監──**邱文仁**

──中國人壽一〇〇〇大企業專案主任──**邱柔瑄**

──超馬媽媽──**邱淑容**

──中央大學認知神經科學所所長──**洪蘭**

──終身義工──**孫越**

──學學文創志業董事長──**徐莉玲**

──格林文化發行人──**郝廣才**

——台灣大哥大公司總經理——**張孝威**

——北一女中校長——**張碧娟**

——名作家——**張德芬**

——金革唱片創辦人——**陳建育**

——明星藝能學園總經理——**陳婉若**

——台灣房屋首席總經理——**彭培業**

——心靈作家——**游乾桂**

——歐都納戶外休閒用品董事長——**程鯤**

——台北市立中山女高校長——**黃郁宜**

——卡內基訓練負責人——**黑幼龍**

——西雅圖極品咖啡董事長——**劉增祥**

——台北市立建國高級中學校長——**蔡炳坤**

——板橋地方法院少年保護官——**盧蘇偉**

——國泰人壽區部專員——**蕭志豐**

——王品集團董事長——**戴勝益**

——海角七號、賽德克巴萊導演——**魏德聖**

一本立即觸動我心弦的書

——超馬媽媽——邱淑容

「請問您是在寫我嗎？」

——因為這是一本立即觸動我心弦的書，因為書中所描寫的情境，簡直是我遭遇意外而截肢的翻版。

高峰與低谷相連，在今天的順境犯的錯誤，會造成明天的逆境；今天的逆境做的聰明事，會開創明天的順境。

短短的一段話，道盡我意外截肢的前因後果。

十數年的跑馬生涯屢創佳績，當我正想再挑戰自己人生更高峰時，卻意外截肢而致跌入低谷。

在低谷中的我，雖然苦不堪言、痛不欲生，但也絕不容許自己從此癱瘓於病床上。怨天尤人、惶惶終日只可惜了生命，我試圖從巨慟悲傷中振作起來。

峰谷法則絕對是處世的準則，不管是處在高峰或不幸跌入低谷中，處處時時皆適用。

人生宛如走過諸峰過程的一串故事，如何早日脫離低谷，如何在高峰待得久一點，如何在將來多一點高峰、少一點低谷，睿智就在書中。

編註：「超馬媽媽」邱淑容女士不但是台灣超級馬拉松女子紀錄保持人，更是亞洲超馬天后。二〇〇八年參加「穿越法國」十八天超馬賽後，卻因為腳底破皮引發敗血症，右大腿以下截肢、左小腿部分足截肢。然而她並未因此沮喪，裝上義肢後更在短短九個月內便能僅靠枴杖行走，對生命也仍舊充滿了希望。

人生的順境或逆境，都在自己的選擇

——台北市立建國高級中學校長——**蔡炳坤**

適逢九二一集集大地震十週年的這一天，我接到了皇冠文化寄來《峰與谷：超越逆境、享受順境的人生禮物》一書的試讀本，邀請我寫推薦短文。是巧合嗎？當我開始閱讀，思緒卻是隨著書中的情節回到了十年前的際遇，地震發生的那一刻，我隻身在台北，兩度從單人床上跌下來，中部訊息全斷，天一亮驅車直奔南投住家的那分忐忑與無助……在臨時搭起的帳篷中找到了家人、帶著家人借住台中友人家中、兒女分別寄讀台中市國中小的那般不安與無奈……迄今猶歷歷在目，難以忘懷。

《峰與谷》的作者史賓賽．強森博士藉著一個年輕人試圖攀上高峰，在途中與充滿智慧老人之間的對話，以及登頂之後的心得分享，來詮釋：面對順境與逆境的峰谷法則。讀來字字都是箴言、句句洋溢哲理、段段意涵深遠。所謂的「如何早日脫離低谷，如何在高峰待久一點，還有如何在將來多一點高峰、少一點低谷」更是一語中的。

人生的順境或逆境，都在自己的選擇。九二一對我而言，是個低谷，我必須重新思考生涯規劃，遷調返回中部與家人重建家園，這的確是個逆境，我接受了它，也坦然面對它，我沒有怨尤的時間，只有立即的行動，一一克服擺在眼前的諸多難題。沒料到的是，一年之後，我成了台中一中創校以來第一位經遴選產生的校長，是因緣際會，其實也是自己的選擇，選擇越過了人生的逆境，邁向人生的另一個挑戰，這就是真實的人生。

我讀《峰與谷》，久久不能自已，這是一本充滿哲理的智慧小品，我很樂意予以推薦，與大家分享內心的感動。

從失敗之中，重新站起來

——西雅圖極品咖啡董事長—— **劉增祥**

收到這本書之後，我很認真地看了兩遍，每一遍都讓我起了雞皮疙瘩，這是一種心領神會的震撼，因為畢竟我自己也曾在短短的十年中，經歷了兩次的高峰與低谷！一次是事業上的瓶頸，一次就是去年金融海嘯下的個人投資理財失利。但可能是自己不服輸的個性，所以兩次都能在短時間內找到重新出發的方向，並且迅速重新站起來，目前正站在半山腰上，思忖著人生的下一步。

這是一本深具啟發的書，能為仍深陷徬徨中的你指引一盞明燈，解除煩惱與困惑，並發展出正確的價值觀與人生觀，讓生活過得更瀟脫自在。

這也是一個讓處在順境中的你，能在高峰上待久一點的益友，更是一個能幫助還處在逆境中的你，早日走出低谷的良師。

或許你還沒能從去年的金融海嘯低潮中走出來，或許八八風災帶給你的壓力與傷痛使你墜落谷底，但不管順境還是逆境，其實都是人生中最珍貴的禮物。

人生的大驚喜——峰谷法則

—台北市立中山女高校長—**黃郁宜**

人生不如意事，十常八九。我有幸讀了《峰與谷》一書，真的深獲我心並引以為鑑。

這本寓意之書不僅是一本超越逆境、享受順境的人生禮物，更是幫助讀者改變觀念、增強信心，並對往後人生的抉擇帶來更精確的判斷、或轉變為積極行動的明燈。尤其當我反覆思索此峰谷法則，我覺得就好比有著山窮水盡疑無路，柳岸花明又一村的大驚喜。

人生境遇有高低起伏，每當遇到生命的低潮也就是低谷期，正是培養自我成長的大好時機。但更需靠當事者沉穩踏實、增長智慧，來尋找隱藏在低谷期的契機。這契機就是造就未來生命的高峰，才能實現自我、創造自我，更進而達到美好瑰麗的人生坦途。

突破逆境，努力圓夢

——台北市立景美女中校長——**林麗華**

何其有幸，能先行拜讀史賓賽・強森博士的新作《峰與谷》，再一次深深感受其現代心靈寓言的魅力。

在我們的民間寓言裡，早有「禍福相倚」的「塞翁智慧」，與書中山頂老人「逆順相連」的「峰谷法則」，本自有遙相對話的基礎。史賓賽・強森博士以現代語言重寫寓言與格言，剖析現代人面對的生活處境，予以「step by step」的殷殷諄誨，如同為我們撒下通往理想夢境的可口麵包屑。

全國遴選的「總統教育獎」、台北市的「局長教育關懷獎」，正是表揚「突破逆境，努力圓夢」的孩子。讀著一份份的參選資料，我不禁想：突破逆境的智慧，正活生生地在每一個嫩稚的生命中，自然地迸現，綻放令人動容的光輝。而我們，又是否能在書本的指引下，再度找到生命中面對逆境的自癒能力？也與各位共勉之！

每一種處境都是恩典和禮物

—板橋地方法院少年保護官— **盧蘇偉**

我的孩子有句口頭禪：「任何事情的發生，都是有原因的，而且一定是上帝最好的安排。」一個人如果能保持正向積極的思考，生命的旅程何處是「峰」、何處是「谷」呢？任何處境都會是恩典和禮物，只是此刻的我們只期待自己要的結果，和自己期待相違背的就是「不幸」和「災難」。這世界上沒有困難，也沒有不好和不對，一切都是我們自己的選擇。你選擇讓自己和別人好過嗎？永遠地祝福自己和這個世界吧！事情沒有好或壞，只是我們的想法不同。

這是一本好書，讓我們心存好念，讓陽光永遠都在我們前端引導我們！

眞正的探索之旅不在於見識陌生的地域，
而是發現新的觀點。
——**普魯斯特**

知之爲知之，是知也。
——**孔子**

CONTENTS

在說故事之前

Before
The Story

在紐約，一個下雨的傍晚，麥克．布朗趕著去見一個人。朋友說，那個人或許能幫助他度過眼前的難關。當他踏進約定的小館子，絕對想不到接下來的幾小時將會值回票價。

第一眼看到安．卡爾的時候，麥克很訝異。之前聽說她走過不少風風雨雨，還以為她會一臉滄桑，沒想到她卻神采飛揚，活力四射。

一陣寒暄後，麥克說：「雖然我知道妳遇過逆境，但妳好像過得很不錯。」

安說：「我**確實**過得很好，工作、生活都很順心，不過不該說**雖然**我遇過逆境，而是**因爲**我有過逆境——而且學會怎麼善用逆境，才會有今天。」

麥克一頭霧水。「怎麼說？」

「嗯，比方在公司裡，我以為我們部門表現得還可以，其實不然。我們曾經很厲害，可是我們自滿了，等我們發現苗頭不對，其他公司早就領先一大截，老闆很不諒解我。

「那時我陷入低潮，面臨必須立刻改善績效的壓力，擔子一天比一天重。」

麥克問：「然後呢？」

安回答：「去年，一位我很尊敬的同事跟我說了個故事，改變我對順境、逆境的看法，我應付各種狀況的作法自然有了新氣象。聽完故事後，無論事情順不順利，甚至是在個人生活上，我都更能冷靜面對，處理得更好。我永遠忘不了這個故事！」

「是什麼故事？」麥克問。

安沉默了一會兒才說：「可以請教你為什麼想聽嗎？介不介意說出來？」

麥克不情願地承認，他覺得飯碗不是很穩，家庭生活也不太和諧。

他用不著多說，安感受到他的困窘，說：「看樣子，你跟我以前一樣，迫切需要聽這個故事。」

安很樂意說出一切，但她要麥克保證，假如聽完後覺得很受用，可得把故事說給更多人聽。他答應了。安先向麥克交代幾件事。

她說：「我發現，假如你要運用這個故事來應付人生的高低起伏，最好用你的心靈和頭腦聆聽，然後套進自己的人生經驗，看**你**對故事的哪一部分有共鳴。

「故事裡的大智慧會一再被提到，只是說法會有點變化。」

麥克問：「為什麼會這樣重複呢？」

安回答：「以我個人來說，這樣比較好記，而記住了以後，才會常用。」

她招認說：「我是很討厭改變的人。新的觀念總是得聽很多遍，聽久了才會停止批判和懷疑，慢慢把話聽進去，完全吸收這些觀念。

「當初我也是想了很多，才認同這個故事。若你有興趣，不妨親自體驗看看。」

「妳真的覺得一個故事能帶來那麼大的轉變嗎？」麥克問。「我現在的處境真的很糟。」

安回答：「既然如此，就算你聽完之後覺得沒用，那又有什麼損失？我只能告訴你，當我實際運用故事裡的觀念時，情況真的扭轉了。」

「有些人，」她謹慎地說，「有聽跟沒聽一樣，也有人收穫豐富！

「重點不在故事的內容，而是你從故事裡學到了什麼，那才是最有力量的東西。當然，要不要聽由你決定。」

麥克點點頭。「我明白了，我真的很想聽聽看。」

於是，安一邊說故事一邊享用晚餐，一直說到吃完甜點，喝起咖啡。

這就是她說的故事：

高峰與低谷的故事

The Story of Peaks and Valleys

1 在山谷裡陷入低潮

FEELING LOW IN A VALLEY

從前有個聰明的年輕人，他悶悶不樂地住在山谷裡——直到有一天他去山頂，遇見了住在那裡的老人。

以前的他在山谷裡過得很快活，不但會在青草地上遊玩，還去河裡游泳。山谷就是他的全世界，他以為自己會在那裡度過一生。

山谷有時候多雲，有時候是晴天，但是他的生活千篇一律，這讓他覺得很安心。

可是他年紀越大，看周遭的事物越不順眼，竟然找不到幾件沒毛病的事。他想不通，以前怎麼沒察覺山谷裡的問題一大堆。

隨著時光流逝，年輕人越來越鬱鬱寡歡，卻說不出個所以然。

谷裡的年輕人從沒想過，
一段關於「峰與谷」的旅程，
竟然從此扭轉了他的人生……

他在山谷裡換了幾份工作，結果都不符合他的期望。

有一份工作的老闆似乎老是在批評他的錯誤，從沒注意到他做對了很多事情。

另一家公司則是員工很多，多到好像沒人在意他到底是認真工作，還是打混摸魚。他對公司的貢獻似乎微不足道，連他自己也這麼覺得。

有一次，他以為總算找到了理想的工作。他感受到公司的賞識，工作有挑戰性，共事的同仁們都很有才幹，公司的產品也讓他引以為榮。他一路向上爬，成為一個小部門的經理。

可惜，他覺得自己的位子坐得並不安穩。

他的個人生活也沒好到哪裡去，失望接二連三。

他覺得朋友不懂他的心情，朋友最後說他「剛好遇到低潮期」。

年輕人納悶著，假如他去別的地方，是不是會比較開心？

有時候，年輕人會站在草地上，仰望高聳在山谷上方的雄偉峰巒。

他幻想自己站在山谷旁邊的那座山峰上。

有一段時間，他覺得暢快了一點。

但他越是拿山峰和山谷作比較，心裡越難過。

他跟父母、朋友說他想去山頂瞧瞧，可是他們開口、閉口都是去山頂的路有多難走，不如待在山谷裡來得舒服。

他們都勸他別去自己不曾涉足的地方。

年輕人很敬愛父母，也曉得他們的說法有幾分道理，但他清楚自己跟父母不是同一種人。

有時候，他覺得山谷外或許有其他的生活方式，他想要去見識見識。也許到了山頂，他就能把世界看得更清楚。

但是懷疑和恐懼又悄悄浮上他的心頭，他覺得還是維持原狀就好。

有很長的一段時間，年輕人提不起離開山谷的勇氣。

有一天，他回想起自己的年少歲月，意識到世事的變化有多大，於是他的心情再也平靜不下來。

他說不上自己怎麼會改變心意，但他忽然決定到山頂一探究竟。

他撇開恐懼，用最快的速度準備好，啟程前往山谷旁邊的那座山峰。

這趟路程並不輕鬆。他曾經估算過爬到山頂所需要的時間，可是估計的時間已經過了很久，卻還沒到半山腰。

不過，年輕人越爬越高，涼爽的微風、清新的空氣無不令他元氣大振。從那裡往下看，山谷顯得渺小。

在山谷裡的時候，他覺得空氣也夠乾淨的了。現在他俯瞰下方，卻看到淡茶色的污濁空氣停滯在山谷裡。

他轉身繼續往上走，爬得越高，視野越遼闊。

忽然間，他一路沿著走的小徑到了盡頭。

前面已經沒有路了，而且濃密的樹林隔絕了光線，以致他迷失了方向。他害怕自己找不到路離開。

因此，他決定越過一道窄得要命的山脊。他在山脊上摔倒，跌得瘀青流血，又站起來再接再厲。

最後，他找到一條新的小路。

谷中居民的警告掠過他的心頭，但他鼓起勇氣，繼續爬山。

他越爬越高，也越快活。他知道自己已經出了山谷，而且克服了恐懼。

他正在前往一個新的地方。

穿過雲層後，他發現天氣其實很棒，不禁想像起從峰頂看到的夕陽是什麼模樣。他等不及到上面一睹為快。

2 尋找答案
FINDING ANSWERS

儘管年輕人很熱血地往上爬，卻到了夜幕低垂時才抵達山頂。他坐下來，埋怨說：「哎喲！討厭，錯過了！」

附近的暗處傳來一句：「錯過什麼？」

年輕人嚇了一跳，轉過身，看到一位老人坐在幾呎外的大石頭上。

年輕人結結巴巴地說：「對不起，我沒看到你。我剛才是說，沒趕上從山頂看夕陽，我這輩子老是『心想事不成』。」

老人笑說：「我瞭解那種滋味。」

這時的年輕人，絕對猜不到自己遇見了世界上內心最寧靜、最成功的人。老人就像一位普通的和藹長輩。

過了一會兒，老人說：「你覺得現在的風景怎麼樣？」

「什麼風景？」年輕人問。他瞇起眼睛打量，卻只看到一片黑暗。他開始懷疑新朋友的腦筋有毛病。

老人向後仰，望著天空。

年輕人跟著抬頭，見到天上的燦爛繁星，以前在山谷裡，沒看過這麼清楚的星星。

「漂亮吧？」老人說。

「對耶！」年輕人讚嘆，凝視著星星，享受了片刻的靜謐。「星星一直都在那裡，對不對？」

「嗯，是啊！但也不盡然。」老人說。「星星確實隨時都在天上，只要移一下視線就看得到。」

老人接著說：「但星星不是始終都在，並不是那樣的。科學家說，現在看到的星光大部分來自幾百萬年前隕落的星體，星星本身已經不存在了。」

年輕人搖搖頭。「要分辨什麼是真、什麼是假，真的很難。」

老人沒應聲，只是笑。

年輕人問他笑什麼，老人回答：「我只是想起我在你這個年紀的時候，也常有那種感覺，拚命區分真假。」

他們靜靜坐著，欣賞了一會兒天上閃爍的星光。

老人問：「你來山頂做什麼？」

「我也不知道。」年輕人招認。「大概想尋找什麼吧！」

他告訴老人山谷裡的日子有多不快樂，說他覺得一定有更好的生活方式。

他娓娓道出自己嘗試過的工作、好像已經走不下去的情路，以及他老覺得自己沒有發揮最大潛力。

他很驚訝自己竟然向素昧平生的人吐露這麼多心事。

老人凝神傾聽。年輕人說完後，老人接口：「我以前也遇過很多次低潮。

「我還記得第一份工作是被開除的。那段日子很痛苦，我努力找工作，卻到處碰壁。」

「那你怎麼做？」

直到他遇見山頂老人，聽說了「峰谷法則」，
那是一種看事情的態度，也是做事的方法。

「唔，有很長一段時間，我都很生氣、很沮喪，做什麼都不順利。後來，一位好朋友跟我說了一番話，扭轉了一切。我永遠不會忘記他。」

「他說了什麼？」年輕人問。

「和他所謂**面對順境與逆境的峰谷法則**有關的話。

「他說：『越常在工作和生活中運用峰谷法則，就會越平靜、越成功。』」

老人又說：「起初，我很懷疑他的話，結果他才是對的。那對我的事業和生活影響深遠。」

「怎麼說？」年輕人想深入瞭解。

「峰谷法則改變了我對人生的高潮和低潮的看法。多虧如此，我的**作法**也變了。」

年輕人問：「是什麼樣的改變？」

「我朋友幫助我明白三件事：如何早日脫離低谷，如何在高峰待久一點，還有如何在將來多一點高峰、少一點低谷。」

年輕人懷疑世界上哪有這麼棒的事，但他是來尋找答案的，再說他也感到好奇，於是他問：「你願意告訴我嗎？」

老人說：「可以啊！但有個條件。如果你聽了覺得受用，就要跟別人分享。」

「何必跟人分享？」年輕人問。

老人回答：「有兩個原因。首先，是幫助別人。其次，是幫助自己。

「當你身邊的人明白怎麼駕馭順境和逆境，他們的煩惱會少一點，做什麼都更順利。你跟他們一起工作、生活，都會比較輕鬆愉快。」

年輕人說，如果這套辦法有效，他一定會教給別人。

於是老人說：「也許應該先介紹一個有用的觀念：

世界上每個人
在工作和生活上，
本來就會有
高峰和低谷。

It Is Natural For
Everyone Everywhere To
Have Peaks And Valleys
At Work And In Life.

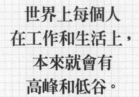

年輕人很失望。這不是他要的答案。

「你說的『高峰和低谷』究竟是什麼意思？」他問。

「我是指你**人生**的高峰和低谷，也就是你在工作與生活中的高潮和低潮。

「快樂或痛苦的時間也許會維持幾分鐘、幾個月，或更久。

「人生的高峰和低谷，跟地表上的山峰和山谷同樣自然。兩者高低起伏的分佈情況、連結方式都差不多。

「工作或生活上可能有讓你得意的事，也有你覺得窩囊的地方，這很自然。世界上每種文化、每個人都免不了這種情況，這就是人生。」

年輕人嘆氣說：「所以，不光是我一個。」

老人笑了。「怎麼可能只有你！但有時候，你可能會覺得只有自己在失意。」

他又說：「每個人的高、低潮經驗當然各有千秋，就算是處境差不多的人，感受也不會一模一樣。

「你可以這樣看待事情：

高峰和低谷
不僅僅是
你經歷的
快樂與痛苦的時光。

同時也是
你內心的感受，
以及
你對外界事物的回應。

*Peaks And Valleys
Are Not Just The
Good And Bad Times
That Happen To You.*

*They Are Also
How You Feel Inside
And Respond To
Outside Events.*

「一個人的感受，跟他看待自己處境的觀點息息相關。重點在於不要把個人的遭遇跟你認為自己優不優秀、有沒有價值畫上等號。」

老人繼續說：「我發現，即使遇到壞事，還是可以覺得自己很棒——」

年輕人突然插嘴。

「你是說，我在山谷裡做什麼都不順的時候，還是應該高興嗎？先生，我實在很不願意反駁你，但我真的不能苟同。

「我在山谷裡**沒有**碰到半件好事！你坐在山頂上，說這種話當然很簡單。你在山上，根本不瞭解我在山谷裡的生活。我住在另一個世界！」

老人對年輕人的氣話似乎不以為意，只是保持沉默。

一段時間後，年輕人冷靜了些，覺得很窘，只好說：「對不起，我知道自己覺得很氣餒，但我大概也有點生氣——比我想像中更惱火。」

老人點點頭。「我瞭解。」

老人又說：「你認為我在這裡的生活，跟你在山谷裡的生活扯不上關係，那麼讓我問你一件事：

「你上山的時候，有沒有看到缺口？有沒有看到地上有個大洞，把你的山谷和這個山頂隔開？」

「沒有。地洞在哪裡？」年輕人說。

老人沒開口。

年輕人想了想，呵呵笑了。「根本沒有地洞吧！」

「聰明。」老人說。

「因為山峰和山谷是相連的。」年輕人說。

「觀察力不錯嘛！」老人笑著說。「誰有辦法指出山谷的上緣在哪裡？或是山峰的下緣在哪裡？

「重點在於，除了瞭解自然界的山峰和山谷、人生的高峰和低谷都是相連的，你也應該明白它們**如何**相連。」

然後他闡述剛剛的話：

高峰與低谷相連。

在今天的順境
所犯的錯誤，
會造成明天的逆境。

在今天的逆境
做的聰明事，
將開創明天的順境。

Peaks And Valleys Are Connected.

The Errors You Make In
Today's Good Times
Create Tomorrow's Bad Times.

And The Wise Things You Do In
Today's Bad Times
Create Tomorrow's Good Times.

「比方說，奉行峰谷法則的人扭轉逆境的方法，就是回歸基本面，專注在最要緊的事情上。」

年輕人補上一句：「……而這會開創未來的順境！」

「對。」老人說。「可是太多人在順境時沒有好自為之，沒注意到自己正在堆砌未來的逆境。他們浪費太多資源，悖離根本之道，忽略了最重要的事。猜猜看再來會怎樣？」

年輕人說：「逆境又來了！」

年輕人不得不承認這番話很有道理。「所以順境、逆境都是自己**創造**的，只是我們常常太低估了自己的力量。」

「完全正確！」老人大聲說，眼睛炯炯發亮，因為他看到年輕人開竅了。

「這大概夠你想一整晚了，」老人說，「有興趣的話，我們明天再聊。」

「太棒了。」

老人道了晚安，留下年輕人在原地搭帳篷、紮營。

之後，年輕人思考著自己的高峰與低谷如何相連，想到進入夢鄉。

第二天一早，老人用保溫瓶帶來咖啡，跟年輕人一起喝。在耀眼的晨曦中，年輕人注意到老人的眼睛多麼炯炯有神，於是問他：「你這麼快樂，是因為一直住在山頂上嗎？」

「不，那不是我快樂的原因。我不能都待在山上，得到山谷採購糧食、找在這裡生活需要的用品。」

年輕人還有點睏，沒把老人的話聽進去。「如果永遠住在這裡，我應該會很快樂。」他這麼回應。

「那是不可能的。」老人說。「沒人可以永遠待在一個地方。就算你的人都待在一個地方，心也會不斷四處神遊。

「重點在於對每時每刻的生活都**真的**感謝，並且樂在其中。」

「這我就不知道了。」年輕人說。「我只曉得山頂上的空氣很清新乾淨，讓我心曠神怡。但你叫我怎麼享受在低谷的每時每刻？」

「其實，」老人說，「你看待低谷的眼光，會決定你在低谷待多久。簡單講，峰谷法則就是：

當你對現況感恩
你就處於高峰。

當你渴求自己缺少的事物
你就處於低谷。

Peaks Are Moments When
You Appreciate What You Have.

Valleys Are Moments When
You Long For What Is Missing.

「有意思。」年輕人說。「可是我覺得高峰就是高峰，不管我怎麼想，低谷仍然是低谷。我的想法跟現實狀況有什麼關聯？」

老人問：「記不記得你爬到山頂時的第一句話？」

年輕人搜遍腦海，就是記不起來。

「你說：『錯過了。』你滿腦子都是錯過了日落，這使你忽略了星星，甚至沒有為爬到山頂感到高興。假如你爬到這裡的時候，舉起雙手歡呼：『耶！我爬上來了！』你覺得自己會有什麼感受？」

年輕人嘆了口氣。「這麼說，我把自己的高峰變成了低谷。我辛辛苦苦地爬到了多年來夢寐以求的地方，卻還是覺得很挫敗。」

老人說：「沒錯。你看出來了嗎？就在那一刻，你在心中創造了一個低谷。」

然後老人問：「一個贏得表現傑出獎銀牌的人，在什麼情況下會不開心？」

年輕人想了想，說：「跟拿金牌的人比較。」他靈光一閃，「這麼說，想要減少低谷，就要避免跟別人比。若凡事都往好處看，就比較容易覺得自己在高峰上。」

老人說：「沒錯！就算情況再糟也一樣。如果你把觀點改成這樣：

你沒有辦法永遠掌控
外在的環境，

但你可以掌控
個人的
高峰與低谷，
竅門就在於掌控
你的信念和作法。

You Cannot Always
Control External Events,

But You Can Control
Your Personal
Peaks And Valleys
By What You Believe
And What You Do.

年輕人皺起眉頭。「我聽不太懂耶！這要怎麼辦到？你說這可以讓我在工作上和生活上更順利。」

「我確實說過。要將低谷變高峰，你必須做出改變，也許是改變現況，或者是改變你對現況的**感覺**。

「如果你能改變現況，那很好。如果做不到，你可以選擇自己對現況的感覺，從現況受惠。」

「怎麼做？」年輕人問。

「比方說，想像你是家裡唯一的經濟支柱，你相信自己捧著金飯碗，薪水也很優渥，有一天，你莫名其妙地被解雇了——而且沒有立刻找到工作，這時你會有什麼感覺？」

「我會很害怕、震驚跟生氣。」

「我瞭解，大部分的人都會有這種感覺。沒人喜歡被開除，但假如你把失業看成這輩子最棒的事呢？

「說不定你後來會發現那份工作不適合你。雖然就算你有其他選擇，也絕對不想被炒魷魚，可是，也許你早就應該辭職了呢？

「假如你選擇相信：失去工作可以帶來更美好的未來呢？」

年輕人說：「但未來可能更糟啊！」

老人笑了。「確實如此，沒人知道未來會怎樣。

「不過在現實生活中，選擇正面的信念通常能讓結果好得多。」

年輕人仍然存疑，問：「但這幫得了失業的人嗎？他們或許會對失業比較釋懷，但他們還是需要工作。你不能靠好心情養家活口。」

老人說：「這樣講也沒錯。好，我們就**眞的**只討論現實面。假設你負責招聘新人，第一個應徵者總是一副被打壓的嘴臉，面試時不斷抱怨以前的老闆有多可惡，你會錄取他嗎？

「還是你會挑一個在逆境裡仍然樂觀，放膽追求新機會、尋找美好事物的人呢？」

年輕人說：「我會選積極的人，因為這種人工作表現比較傑出。」

老人說：「就是因為這樣。懷抱正面信念的人，通常會找到比較好的

人生的高峰和低谷是相連的，
在今天的順境所犯的錯誤，會造成明天的逆境；
在今天的逆境做的聰明事，將開創明天的順境。

工作。找到工作後，這個人的低谷會怎麼樣？」

年輕人感到驚奇。「會變成高峰！所以說，一個人的**想法**和**作爲**，確實會影響結果。說到底，也許這套東西**眞的**很實用！」

「對，很實用。」老人說。「有時候，事情就是這麼簡單：

換個觀點，
離開低谷的路
就出現了。

The Path Out Of
The Valley Appears
When You Choose To
See Things Differently.

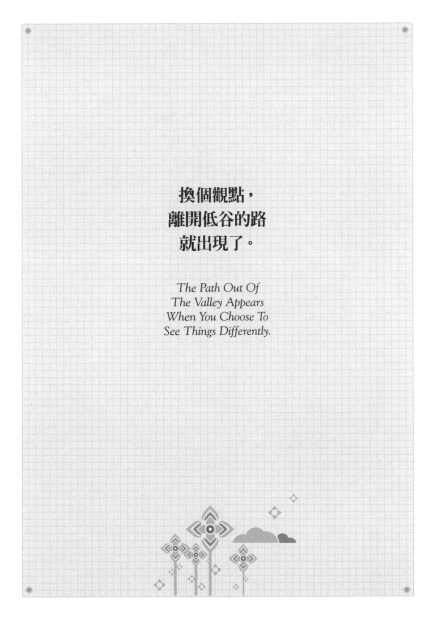

這時，山頂的氣溫陡降，飄下了幾片雪花。老人問：「你有沒有應付山頂天氣的保暖衣物？」

年輕人承認他沒有帶。「我八成是太急著離開山谷了，沒認真想過待在山頂上所需要的東西。」

老人說：「這是常有的事。很多人沒有體認到，如果想在高峰上待久一點，就得**眞的**做足準備的工夫。」

年輕人不知道老人說的其實是經營順境。

「改天一定要再來玩。」老人又說。「跟你聊天很開心。」接著，他和年輕人握手道別。

年輕人失望地下山，卻也因為在山上的新發現而感到振奮。

他告訴自己，從今以後，他要改變對工作、對生活的看法，希望自己能把低谷當作機會，找到潛藏在表相底下的美好轉機。

他深吸一口山上的新鮮空氣，希望回到山谷以後，自己仍然能夠保持清晰的思緒。他提醒自己記住一件事：

你可以
將低谷變成高峰，

秘訣就在於
尋找並運用——

潛藏在逆境裡的契機。

You Change Your
Valley Into A Peak

When You Find And
Use The Good

That Is Hidden
In The Bad Time.

3 忘記教訓

FORGETTING

年輕人回到了山谷裡，記起自己以前站在青草地上仰望遠方的山峰，夢想著在山頂上找到不同的生活方式。

興奮之情一湧而出。他果然爬上了山頂，而且如他所願，**拓展了**視野。

現在他恨不得立刻去上班，好好運用全新的觀點。他思考著等他說出登山探險的點點滴滴，父母和朋友會有什麼看法。

在回家途中，他心想：「山谷裡的視野真狹隘，在我去過的山頂上，輕輕鬆鬆就能綜觀全局。」

他沾沾自喜。

他想到一個特別的女孩。他很在乎她，很希望心上人會對他的登山經驗、新知識刮目相看。

回到家後，他告訴父母上山的事，以及山頂老人教他的大道理。

他跟父母說，有了這一套新觀點，他將成為公司不可或缺的人才，無疑地很快就能升遷。

他父母互望一眼，覺得他在說大話，但沒有批評兒子。

其實，年輕人的心裡沒有嘴上講的那麼篤定。他想知道這套觀點是不是真的能大幅改善現況。雖然他依舊存疑，但他很想試試看。

不久，他自豪地跟幾個朋友聊起上山的收穫。

有些人覺得那些觀點很棒，有些人則感到懷疑。聽起來這麼簡單的東西，真的管用嗎？但就像多數的好朋友，他們希望他成功。

他也向喜歡的女孩說出上山的事，她聽得津津有味，也樂見他充滿熱情。她希望他這股嶄新的衝勁能夠長久。

年輕人回去上班時，心情很愉快。

他們公司的生意興隆，業績持續成長，獲利更是空前。

有一天，一批非常重要的貨遺失了，沒人找得到。他們最大的客戶很不高興，揚言要取消合作。

全公司上下都拚了命搶救敗局。有人趕工補足缺額，有人全心追蹤那批失貨。

可是公司當初擴張得太快，人手不足，儘管他們盡了全力，其他幾批貨仍舊不知去向。很多客戶取消了訂單，公司裡一片愁雲慘霧。

年輕人記起老人對走出低谷的教誨：**你可以將低谷變成高峰，秘訣就在於尋找並運用潛藏在逆境裡的契機**。

那一夜，他不斷思考。

第二天，他向老闆提出建議：何不利用這場危機，找出貨物追蹤系統的弱點，藉此建立更有效、可靠的機制，以應付未來的訂單？

老闆覺得這個提議很棒，請他主持專案小組，完成這件事。

幾天後，專案小組發現了幾項重大瑕疵，研擬出新作法，讓訂單的處理不僅穩當得多，成本也下降了。

只要你找到潛藏的契機，
並且全力以赴，
就可以將低谷變成高峰。

他們向客戶道歉，客戶很高興他們現在擁有更優良、更省錢的送貨系統。於是客戶紛紛回流——先下小額訂單，但不久之後，可望出現大單。

大家漸漸知道，原來是聰明的年輕人主持的專案小組，研發出新的訂貨系統。同事們更加讚賞他，老闆也很開心，讓他升職。

沒多久，他向老闆提出另一項建議：何不投入以前沒嘗試過的新興市場？可是老闆不肯，認為公司現在的營運狀況良好。老闆提醒年輕人，他仍然是公司最年輕的經理，也才剛加薪，應該知足。

年輕人意識到老闆跟許多同事一樣安於現狀。後來，公司不論內部管理或外部營運都頻頻出錯，可是大家好像都沒察覺。

多數同事仍然一副公司狀況很好的模樣，隨著生意蒸蒸日上，他們忘了當初成功的原因。

許多部門超支，對公司營運很有信心。

公司逐漸出現了大問題，狀況百出，收益嚴重縮水，不得不節省支出，裁掉部分員工，其中包括年輕人的幾個朋友。

公司走了下坡。

好歹，年輕人保住了職位，並且備受尊重，畢竟他的專案小組提高了訂貨及交貨系統的效率，對公司有貢獻。

他甚至自豪地告訴父母，自己上班的表現很亮眼。

但好景不長，他沉浸在成功的光環裡，變得過度自信，誰的話都不聽，剛愎自用。

久而久之，他從山頂學來的道理幾乎都忘了用。

他疏遠了身邊的人而不自知，同事閃避他、老闆批評他。

他首次出現的自信迅速消退。

他在公司的處境顯然不妙，但他想不透怎麼回事。

他父母試圖跟他講道理，他沒有聽，只顧著為自己辯解，讓狀況更加惡化。隨著時間過去，年輕人發現自己跌落了更深的低谷。

然後他想起來了，老人在他返回山谷前，曾給他一個忠告：

在兩座高峰之間必然有低谷。

你在低谷裡怎麼自處，
決定了
你可以多快爬到下一座高峰。

Between Peaks There
Are Always Valleys.

How You Manage Your Valley
Determines How Soon
You Reach Your Next Peak.

他思考著：「在低谷裡到底該怎麼自處呢？」他不記得老人有沒有談過。

他去找朋友，誰都沒找到。當然，他沒察覺朋友都在躲他。

他喜歡的女孩很久沒跟他聯絡了，他覺得很納悶。「她大概剛好在忙吧！」年輕人這麼告訴自己。

不久，他覺得自己甚至比上山前更寂寞。

他提醒自己，有高峰，自然有低谷。

他改變思考的角度，想找出這次人生低谷的出路。

他努力尋找潛藏在逆境裡的契機，看看怎麼反敗為勝。

但無論怎麼做，他的心情都一樣低落。

基本上，峰谷法則曾經幫助他爬得更高。

現在峰谷法則卻失靈了，他不明白為什麼。

他又回到青草地上，仰望著山。

峰谷法則被老人講得好像很神，在現實生活裡卻像童話故事，只是好聽的廢話。

也許，他那些懷疑峰谷法則的朋友才是對的。

他到清靜的池塘邊思考，休息一下，低頭瞥見自己的倒影。他不喜歡自己的樣子。

他知道自己太愛生氣，內心不平靜。他想起老人還說過：**如果你沒從低谷裡汲取教訓，就可能怨天尤人。如果你真的學到寶貴的一課，就可能更上一層樓。**

若真如此，那他應該學到的教訓是什麼？

好多個星期後，年輕人厭倦了繼續探究答案。

幾個朋友約他一起去高原玩，他們喜歡去那裡，說那叫「放空」。

他沒有去過高原，但他聽說路不難走，絕對沒有山頂那麼遠。

再說，去高原放空，總比在山谷裡悶悶不樂好吧！

於是，他去了高原。

4 喘一口氣

RESTING

年輕人很訝異高原竟然如此荒涼，沒有樹木，所見之處一切平坦。天氣不冷不熱，既沒有山谷的溫暖，也不像山頂涼爽。多雲的天空遮住了太陽，彷彿沒有天氣可言。

有時候，他遠遠看到其他人，但他避開了他們。他想要獨處。

起初，他的情緒不高也不低，感覺很輕鬆。他很高興自己來到了高原。這陣子起起落落的生活壓力很快就一掃而空。他覺得在那裡很自在，悠閒、安靜。

之後，他開心地去找朋友，但他們看到他，倒是沒什麼反應。

累了的時候，不妨到平坦的高原休息一下，
準備再出發。

他們的眼神和高原的景致一樣呆板，了無生氣，對周遭的事物不感興趣，即使人在戶外，也缺乏健康的氣色或活力。

年輕人看著朋友們，暗想自己是否像他們一樣，擔心自己真的也是那副德行。

年輕人又無聊又煩悶。剛到高原的時候，撇下一切的感覺還挺新鮮的。現在，他覺得精氣神全都開始流失，整個人提不起勁，不像在山頂上的感覺。

在山谷裡的時候，到高原似乎是個好主意。現在他納悶自己為什麼還不離開。他想，高原就是一段心情不高也不低的中立時期。

那麼，這個高原對他的意義何在？是因為他早就應該休息，所以來喘口氣嗎？或者，他是來逃避的呢？若果真如此，他逃避的又是什麼？

那朋友呢？他們只是想逃避現實，所以刻意放空所有的感覺嗎？

最後，他向其他人道別，獨自離開了。

在高原上幾乎看不到山頂，年輕人抬起頭，猜想老人現在在做什麼。

他記得自己曾經注視老人的臉孔，看到他的眼睛明亮有神。他有點希望能回到山頂。

在山頂時，他的腦袋很清醒，跟高原上的昏昏沉沉完全不同。

他再次仰望山頂，又一次感受到以前有過很多次的急切感。

他想要更美好的事物。

但他不敢說自己想重新爬到山頂。說不定，當他從山頂回到山谷的家園後，只會落得再度失望的下場。

那一夜，他睡得很不安穩，不斷想著是不是應該再試一次。

第二天早上他醒來時，滿腦子想的都是山頂的事。

他越思考，越想回去找老人，問他峰谷法則的效力為什麼如此短暫。

最後，他離開了高原，回到山谷。隨後幾天，他都在計畫去山頂的事。

這一回，他希望做充足的準備，以便在山上待久一點。

回到山上的路程很辛苦，年輕人筋疲力盡時才到達山頂，不過仍然來得及欣賞美麗的夕陽。

這一次，他受邀去老人家裡坐坐。他很驚訝房子非常寬敞，建造得極為精緻，令人讚嘆。

他們兩人出了屋子，坐在俯瞰著美麗湖泊的大露台上。

年輕人說：「又爬到山頂，真是說不出的高興。」

老人也很開心見到他，但看他煩惱重重，就問他怎麼回事。

年輕人說：「上次回去以後，我努力實踐你分享的觀點，例如尋找逆境裡的契機之類的，起初很有幫助，但後來狀況卻走了樣。

「我很氣餒，就去高原散心——可惜沒什麼效果。」

「對你來說，這是不是有益的經驗？」老人問。

「我不懂你的意思。」年輕人說。

老人接腔：「你看過這種東西嗎？」

老人開始畫圖。

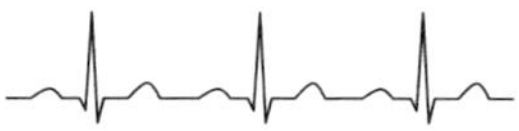

年輕人說：「這看起來像心電圖。」

「線條的高低變化讓你想到什麼？」

「像高峰和低谷！」

「對。那這個呢？」

這回他畫了一直線：

————

年輕人說：「我想那代表沒有心跳。」

「沒錯——那可不妙啊！你的高峰和低谷就像健康的心跳，是正常、健康生活的必要部分。

「高原也不可或缺。但我說的高原，是指對你有益的休息時期，用於衡量現況，停下來思考下一步的行動。

「假如你躲到高原上是因為不肯面對現實，那就不好；但如果只是放鬆心情、好好休息，相信局面會改善，那麼利用高原喘口氣，通常是不錯的作法。好好睡一晚，或是休幾天假，情況往往會好轉。」

這次年輕人有備而來，他拿出準備好的小筆記本，記下他在山頂學到的觀念。他寫下：

高原期是用來
讓人休息、
反省、再出發。

A Plateau Can Be A Time
For You To Rest,
Reflect, And Renew.

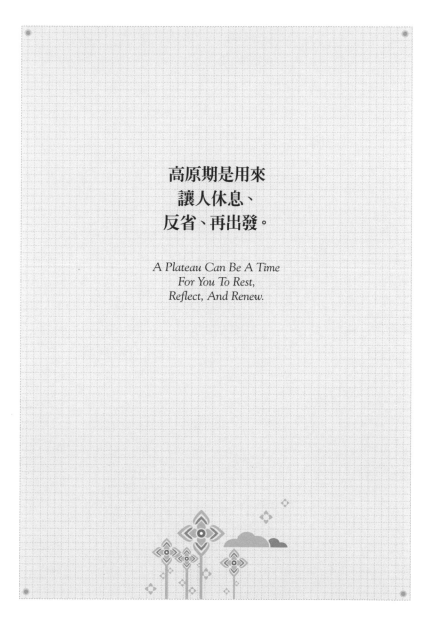

年輕人說：「我在高原的時間起初可能不健康，但最後對我有益。「去那裡的時候，我大概已經自暴自棄了。但是我回家後，就比較有精神，想來山頂找你的心情也更強烈。

「話說回來，」他納悶著，「起伏不定的人生怎麼會對我們有好處？這樣的過程怎麼可能很平靜？無論高潮也好，低潮也罷，不是都會讓人焦躁、有壓力嗎？」

老人回答：「除非你的心跟著高高低低，否則是不會的。一旦你**眞的**學會駕馭順境和逆境，自然就能四平八穩。」

「要怎麼做呢？」年輕人問。

「首先，一旦你理解你不等於你的高峰、你的順境，也不會等於你的低谷、你的逆境，內心就會比較平靜。

「之後，情緒就不會再忽高忽低。」

年輕人思考這番話，一邊和老人靜靜看著夕陽。

然後老人問：「你上次回家以後，發生了什麼事？」

年輕人說：「峰谷法則好像滿管用的，我的工作表現很優秀，可是後來就走了樣，我也不懂為什麼。」

老人說：「剛才我畫心電圖，其實有另一層含意，我希望你用**心**實踐峰谷法則。」

「我不明白。」

「不是只有你在高峰得到的寶貴道理才重要，你對這些道理的**感覺**也是關鍵，而你怎麼**處理**這些感覺，決定了事情未來的走向。

「比方說，你在低谷期的時候，有什麼行為舉止？」

「行為舉止？」年輕人問。

「對。還有，你上次回家以後有什麼感覺？」

「感覺很棒，那段日子很快樂！」

老人一言不發。

「你想說什麼？」年輕人說，但老人只是等待。年輕人意識到自己剛說的話，靈光一閃。

「噢……這就是重點，對吧？美好時光不長久，是因為我那段時間的感覺和作為。」

老人說：「答得好！當然，關鍵不在順境，而是你在順境期間沒有好自為之。如果這樣看，或許比較容易明白：

你可以減少逆境。
前提是你在順境的時候要感恩，
明智地步步爲營。

You Can Have Fewer Bad Times
When You Appreciate And Manage
Your Good Times Wisely.

年輕人想了一會，「但是我看不出自己哪裡做錯了。我在順境時，哪裡沒有步步為營了？」

老人說：「你春風得意的時候，是否曾經小小炫耀過你跟我學到的道理？」

年輕人沒吭聲。

「你想，你做過那種事嗎？」

「我覺得沒有，但是或許有吧！」

老人等他解釋。

年輕人嘆了口氣。「你知道嗎？最近朋友都不理我，可能就是這個原因。」他心裡想的主要是他喜歡的人。

然後他說：「第一次到這個山頂時，你說大部分的人都沒有意識到，如果他們想待在山頂上，就必須**真的**做足準備。」

老人微微一笑。「很高興你記得。沒有為高峰期預作準備的人，很快就會摔下來，嘗到痛苦的滋味。」

「要如何真的做足待在高峰的準備呢？」年輕人問。

老人說：「與其給你**我的**答案，或許我能幫你找到**自己的**答案。

「當你開始出狀況時，你有什麼感覺？」

「覺得很糟。」年輕人說。

「那你怎麼不改變作法呢？」

「不知道。」年輕人招認。「也許是因為我不曉得該怎麼辦，或是我以為只要不管，情況會自己好轉。也可能是我害怕認錯，或不想承認我需要協助。」

「這些原因有什麼共通點？」老人問。

年輕人思考片刻，然後說：「不曉得。」他猜：「是恐懼嗎？」

老人點頭。「沒錯。人類內心的恐懼來自哪裡呢？」

年輕人不知道。

「對大部分人而言，是『小我』。」老人說。

「小我讓你在高峰期傲慢自負，在低谷期充滿恐懼。小我讓你分不清真假虛實，扭曲真相。

「當你在高峰期，小我讓你高估局勢的樂觀程度。在低谷期的時候，小我讓你把情況看得太嚴重。

「小我讓你以為高峰期會持續到永遠，也讓你害怕低谷期沒完沒了。」

年輕人在筆記裡抄下了老人的下一句話：

高峰期曇花一現
最常見的原因
是自大，
是僞裝成自信的自大。

低谷期揮之不去
最常見的原因
是恐懼，
是僞裝成安慰的恐懼。

The Most Common Reason
You Leave A Peak
Too Soon Is Arrogance,
Masquerading As Confidence.

The Most Common Reason
You Stay In A Valley
Too Long Is Fear,
Masquerading As Comfort.

年輕人想瞭解：「自大怎麼會讓人摔下高峰？」

老人解釋：「舉個例子好了，我年輕的時候，在一家很有名的大型企業上班。我們服務一流，價格實在——是業界最棒的。

「後來，我們的成本提高，景氣惡化。我們服務的成本增加了，不久，負擔得起的客戶減少了。

「我們業績下滑，但是因為我們很有名氣，公司高層相信他們隨便也能撐到局勢好轉。

「而實際狀況呢，當然是我們需要改變作法。可是公司沒有看出這一點，自大的心態讓公司自滿。

「最後，客戶幾乎全跑光了，公司不得不賣掉。」

「**你**那時候怎麼做？」年輕人問。

「我自問：『**這件事情的實際狀況是什麼？**』實際狀況是，我們沒有讓客戶滿意。

「接下來，我問自己：『**我要如何多盡一分心力？**』

在你感到懷疑時，不妨自問：
這件事情的實際狀況是什麼？
我要如何多盡一分心力？

「沒多久我就離職了，成立自己的公司。我用那個問題，作為打造新公司的基礎。

「儘管我們公司一開始的規模很小，可是客戶對我們很滿意，口碑越傳越廣。經年累月下來，我們也變成了大公司。」

年輕人詢問是哪一家，老人說了，原來是年輕人耳熟能詳的企業。年輕人意識到，這位新朋友非常富有。

顯然這套峰谷法則在職場上很管用，但他想知道，這對個人生活也一樣靈光嗎？

他問：「你在生活裡怎麼運用峰谷法則呢？可以多聊一點嗎？」

老人想了想，然後說：「可以，我來分享一個我個人的經驗。

「以前我妻子病情加重的時候，我們的低谷就逐漸往下探。她拉拔孩子、持家、照料全家人，總是好像不費吹灰之力。

「當她病情嚴重到不能做喜歡的事情時，我們很心疼她。

「我覺得自己應該扛起責任，接手她大部分的工作，所以我努力照顧她和孩子，幫忙家務，同時繼續上班。過了不久，我的壓力變得很沉重。

「當然，我真正擔心的是她的健康，我不知道該怎麼辦。」

老人停頓一會兒，回想著那段黑暗的日子。

年輕人沉靜地說：「那一定很辛苦。」

「是啊！」老人坦承。「我很害怕，擔心她會有個三長兩短。

「我知道恐懼會讓人看不清事實，所以我問自己：『**這件事情的實際狀況是什麼？**』而實際狀況很簡單，就是**我愛她**。

「我問自己：『**現在我可以做什麼窩心的事？**』

「剛開始我也沒有答案，後來我盡量體貼妻子，凡是想得到的事都做了。不久，狀況就沒那麼糟，低谷好像也不那麼深了。」

「為什麼？」年輕人問。

「因為我發現，我妻子察覺到我深愛著她，這讓她很快樂。我知道我以前不夠照顧她。沒過多久，我就喜歡上多為人設想的感覺。」

老人又說：「我很驚訝地發現，儘管我們處境很糟，我卻越來越平靜，心裡很安慰。

「我發現很多的恐懼其實是在擔心自己的未來，而不是她。在我設法多關愛妻子的過程裡，我將心思從自己移到她身上，超脫了自我的局限。」

「這麼說，」年輕人意識到，「當你放下**小我**，就能早一點脫離低谷期。」

「沒錯。」老人說。「放下小我，也能幫助你在高峰期待久一點。」

年輕人覺得這一點很重要。他希望自己記得住。

稍後，他望著遠方驚呼：「哇！看啊！」

老人笑了，他曉得年輕人遲早會看到的。

「那座山好高喔！比這座山更高。」年輕人說，活像以前沒人見過那座山似的。

「我敢說，那裡的視野一定比這裡更開闊！」

「那是當然的。」老人附和。

「我一定得去瞧瞧。」年輕人說。

可是他垂下眼簾，看到了這座山和那座高山之間的深谷。他哀叫一聲，知道橫越深谷的路可能很難走。

老人問：「看到山谷的時候，你想到什麼？」

年輕人想了一下，露出笑容。「痛苦？」

老人也笑了。「很多人都這樣看待深谷。他們將低谷期視為挫折、傷痛、失望、憤怒與失敗。

「但是你要記住，當你找到潛藏的契機，全力以赴時，將會發生什麼事。」

年輕人點點頭。「低谷會變成高峰。」

「對。」老人說。「不過，只有聰明人才有辦法**真的**看到藏在低谷的契機，加以運用。你覺得**自己**有那個能耐嗎？」

年輕人深呼吸。「謝謝你提醒我。所以我的挑戰是換個方式走過低谷，對吧？要怎麼做呢？」

老人說：「我發現走過低谷的最佳辦法，是打造自己的**理想願景**，再依照願景的內容慢慢實現。」

「什麼是理想願景？」

「我說的**理想**，是指非常符合你理想的未來高峰。目標再遠大都沒關係，不過一定要切合實際，必須是能夠透過發憤努力而實現的理想。

「**理想**的另一層含意，是你可以運用自己的感官去想像，用具體、可信的細節讓願景更逼真，逼真到讓你意識到你能夠實現它。

「想像你未來高峰的樣貌、聲音、味道和感覺，直到這座高峰跟真的一樣，再來就讓你置身在高峰上的畫面，引導你走過低谷。」

年輕人覺得這個辦法的威力應該很強大。他寫下：

到達下一個高峰的好方法
就是追隨你的理想願景。

想像自己沉浸在美好未來的樣貌，
要描繪出具體、可信的細節，
不久之後，你就會
爲了實踐願景而樂於吃苦耐勞！

A Great Way To Get To Your Next Peak
Is To Follow Your Sensible Vision.

Imagine Yourself Enjoying Your
Better Future In Such Specific,
Believable Detail That You Soon
Enjoy Doing What Takes You There!

他們繼續聊到夜幕低垂。

那天晚上，年輕人鑽進帳篷裡，夢想著自己前往更美好的地方。

第二天清晨起床後，他看看那座高山，然後去找老人。

他說，希望用不了太久就爬到下一個山頂，期待一旦到了那裡，就能擁有更開闊的視野。

他們道別時，老人給了他一個建議。

「爬上那座高峰的時候，或許你可以好好思考，歸納出更深刻的個人見解。

「也許你可以用心聆聽自己的想法，回想你工作上、生活上的真實經驗，引導你發掘自己的真心。

「你發現的事將會成為**自己的**智慧，而不是我的或任何人的。」

年輕人表示會記得試試看，謝謝老人跟他分享這麼多道理。

他們握握手，年輕人踏上橫越深谷之路，準備邁向前面更高的高峰。

當你創造了一個理想願景，並且順著去做，
你就能走過低谷，到達下一座高峰。

年輕人在陌生的山谷裡跋涉。大雨打痛了他的臉，想找遮風蔽雨的地方又找不到。這趟旅程甚至比他想像中的更艱難。他啟程的時候，山谷看起來沒有**這麼**深。

「何必非要受罪呢？」年輕人嘀咕著。「人生不是應該開心嗎？為什麼我們需要低谷呢？」

他的腳濕透了，冷到骨子裡，處境悽慘。

他咬牙說：「將來我會回想今天的事，然後哈哈大笑。」

他想想自己的話，又補一句：「何必等以後呢？我為什麼不現在就笑？」

他大笑出聲，覺得心情舒暢了些。一記響雷回應了他的笑聲。他焦慮地抬頭，希望自己沒有雷殛的危險。

年輕人走過稜稜角角的多岩石地帶，腿痠、腳痛。他記起老人說過，**你在低谷裡怎麼自處，決定了你可以多快爬到下一座高峰**。

他覺得自己在這座山谷的表現不太好。

他好不容易才到達山谷的最低點，停了下來。

雨水完全沖刷掉了山徑，前方什麼也沒有，只看得到一條狹窄的河，水聲澎湃，根本不可能通過。

「我辦不到。」他出聲說。「水流太強了，絕對過不去的。」

他覺得挫敗。

他得折返，循著原路回去。但他要拿什麼臉見老人？又該怎麼面對自己？

年輕人坐在泥地上對著河乾瞪眼，害怕要是涉水而過，會被強大的水流捲走。他想像自己在水底吞了好幾大口的水，最後溺死了。

他打起哆嗦，問自己：「為什麼在低谷裡只能這麼痛苦呢？」

他想起老人說過的話，回答了自己的問題：

在低谷裡的痛苦
是當頭棒喝，
可以讓你看到
始終忽略的事實。

The Pain In A Valley
Can Wake You Up
To A Truth
You Have Been Ignoring.

那麼，他忽略的是哪一件事實？

他仰望那座更高的山峰。

「我只知道，」他心想，「我真的很想爬到那座高峰上。」

他想知道，那裡有沒有像老人的房子前面那麼美的山中湖泊——或甚至更美的湖。

他想著，不曉得清新的空氣拂在臉上的感覺如何。

他思考著老人提過，爬到下一座高峰有個法子，就是創造一個**理想願景**，然後照著做就是了；動用你所有的感官去想像，描繪出符合你理想的美麗願景。

他意識到不過就是片刻之前，他還一直在創造**恐懼**願景——幻想自己被捲進河裡淹死。

老人可沒談過「恐懼願景」，但那恰恰是年輕人看到的幻影。

「也許我們總在有意無意間，」他心想，「隨時隨地打造著未來的願景——要嘛是恐懼願景，要嘛是理想願景。問題在於，你要追隨哪一個願景。」

「啊！——**我明白了！**」年輕人對著周遭的雨水和雷殛說：

我的
低谷
正是
恐懼。

My
Valley
IS
Fear.

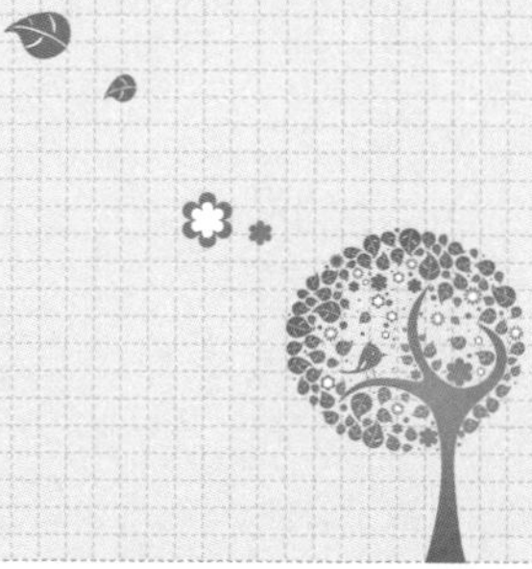

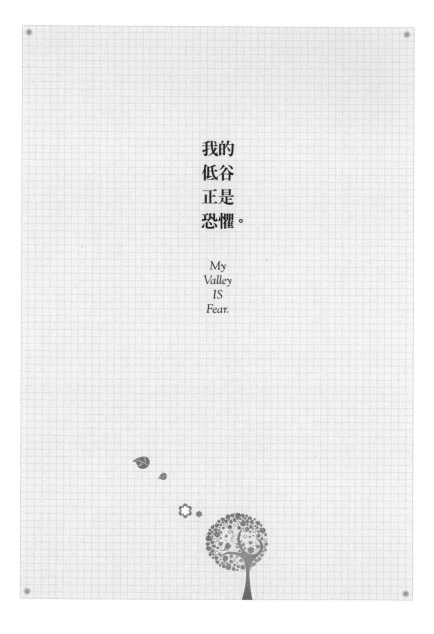

他想，生病、失去親人、財務困難和其他不幸，都屬於他無法控制的低谷，而且也都不是源自恐懼。對他來說，更重要的是，他現在明白自己曾在有意無意間用恐懼創造了許多低谷。他思考著：既然低谷就是渴求自己缺乏的事物，那他是否在恐懼這些事物是自己永遠得不到的，或無法失而復得呢？

他知道逆境可能會一直出現，但如果能除去恐懼，心情會輕鬆得多。畢竟，他仍然是坐在谷底爛泥地上的落湯雞，但他得承認，當他超越了恐懼，心情確實變好了。

他知道自己常常否定現實，拒絕承認某些低谷是自找的。

他當然希望在高峰期待久一點。如今回顧自己的工作和生活，高峰期好像總是不夠久。他也希望低谷期不會這麼長。

他露出笑容。「我希望……我希望我有個許願井，那我就可以丟幾枚幸運銅板進去，實現過河的願望。」

他又笑了，心情暢快了些，知道能夠自嘲是好事。

年輕人想起老人一直試著告訴他的事。他拿出袖珍筆記本，寫下：

在高峰期，
要避免對現況過度樂觀；

在低谷期，
要避免過度悲觀。

擁抱現實。

Avoid Believing Things Are
Better Than They Really Are
When You Are On A Peak,

Or Worse Than They Really Are
When You Are In A Valley.

Make Reality Your Friend.

他再度凝視山峰，幻想以勝利之姿站在上面的感覺。

老人曾說，要走過低谷、到達下一座高峰，最有效的辦法是**追隨一個理想願景**。

年輕人開始打造自己的理想願景。他閉上眼睛，想像出具體而可信的細節，假裝自己已經在高峰上。

他看到壯麗的景色。峰頂比黑沉沉的積雨雲更高，他感受到身上的溫暖陽光，品嘗了清澈的湖水，嗅到高聳松樹的氣息，聽到鷹鳴。

他感受不到任何恐懼，內心一片平靜。

他睜開眼睛，再度仰望山峰，仍然想像著山頂有多棒。他沉浸在理想願景裡，願景像一塊磁鐵拉著他站了起來。

他望著河對岸，那裡有一截樹樁，於是心生一計。

他從背包拿出繩子，打成套索之後，站了起來，擲出繩圈。沒有套中樹樁。

他試了很多次，但繩子變得又濕、又重，更難投擲。

他沮喪地跪了下來，閉上眼睛，手臂和背都在抽痛。

他認真地考慮放棄。

但他又看了看高峰，想起自己的理想願景。

年輕人看著對岸，將注意力集中在樹樁上，彷彿天地間沒有其他事物。他全神貫注，拋出繩圈。這回繩圈鬆鬆地套到了樹樁上。他扯了幾下繩子，確認已經套緊了。

然後他涉入洶湧的水流中，緩緩拉著繩子前進，換手又換手，終於抵達對岸。

有兩次，他差點被捲入水底，但他抓著繩子不放。下水之前，他曾將繩索尾端固定在河的這一岸，這救了他的命。

最後，他過了河，慢慢地爬到河岸上。

他站在那裡，高舉雙臂大喊：「耶！」

他笑了。儘管他仍然在山谷裡，卻**覺得**像在高峰上。

就在那一刻，他明白了個人的高峰可以是：

**個人的高峰
就是克服了
恐懼。**

*A Personal Peak
Is A Triumph
Over Fear.*

他坐下來，開懷大笑。克服恐懼的感覺真棒！他決定休息一下，再動身前往高峰。

他思考著空想擁有美好的未來與追隨理想願景的差別，明白了其中的差異就在**行動**。

「空想不會帶來行動。」他想。「可是當你真的去追隨理想願景時，你**會想做**可以實現願景的事。你用不著強迫自己，自然**就會想**採取行動，甚至做出從來不曉得自己辦得到的事。」

他開始明白老人說「**真的**追隨願景」的意義。那代表效忠你的願望，採取能將願望化為事實的行動——辨識出**真相**！

他一點一滴地開始明白：恐懼會阻礙你前進，但真相會協助你成功。

年輕人露出微笑，再次望著高峰。不久後他站起來，帶著重新燃起的熱情繼續旅程。他發現，打從他開始追隨自己的理想願景後，他就更有幹勁和信心。

年輕人越爬越高，有幾次踩到了鬆動的岩石又往下滑。但每一次，他都再接再厲。

人生的順境和逆境其實都是禮物，
每一份禮物都很珍貴，
只是你得先好好經營！

他帶著笑容往上爬；他正在前往高峰。

彷彿過了很久以後，他來到陽光普照的地方，站在山巔上。他看到了最漂亮的湖泊，巨樹環繞著湖邊，一陣清風拂過。年輕人轉身看看自己走過的山谷。他知道這趟路非常辛苦，但是辛苦讓成功的滋味更甜美。

他想起自己住的山谷，想起以往的生活和工作。他想起父母、朋友、心儀的年輕女孩，記起自己是怎樣充滿了恐懼，只是之前常常沒察覺到自己在恐懼。他一直怕朋友不喜歡他，怕父親看不起他，怕心上人對他失去興趣，怕自己失業，怕被當成窩囊廢。他八成也害怕其他的事物。

他真笨，竟然不斷讓恐懼主宰生活，遮蔽了他看到真相的視野。

最後，他覺得自己真的開始實踐峰谷法則了。他認為這是「需要技巧的法則」。

「這是一種看待事物的方法，」他心想，「同時也是**做事**的方法，兩者一樣重要。」

老人說過：**擁抱現實**。他覺得自己開始明白這句話的意義了。

他在山谷裡感受到的痛苦，確實是一記當頭棒喝，讓他看見了始終忽略的真相。他發現當他不僅面對現實，而且**擁抱**現實的時候，自己的表現更好。

年輕人高興地大叫：「所以老人才會動不動就說『真的』。他的意思是指追隨**眞相**！」

他希望從今以後，自己會真的尋找真相，而不是活在幻覺裡。他意識到如果自己根據真相規劃未來，就可以替未來奠定更穩固的基礎。

他萬萬沒有想到，創造並追隨理想願景的威力竟然如此強大。正如老人所料，當他追隨自己的理想願景時，就想到了出乎意料的辦法，令願景成真。

他想，追隨理想願景就像看地圖，是協助你到達目的地的實用方法。

登頂的願景不但瓦解了束縛著他的恐懼，也給了他繼續前進的清晰頭腦和力量。

「這套辦法**眞的**值得一用再用！」他笑著說，並且將心裡認為的重點記在筆記本上：

當你真的去追隨
你的理想願景，
就能創造一個高峰。

你的恐懼會消失，
內心更平靜，
你會更成功。

You Create A Peak
When You Truly Follow
Your Sensible Vision.

Your Fear Fades And
You Become More
Peaceful And Successful.

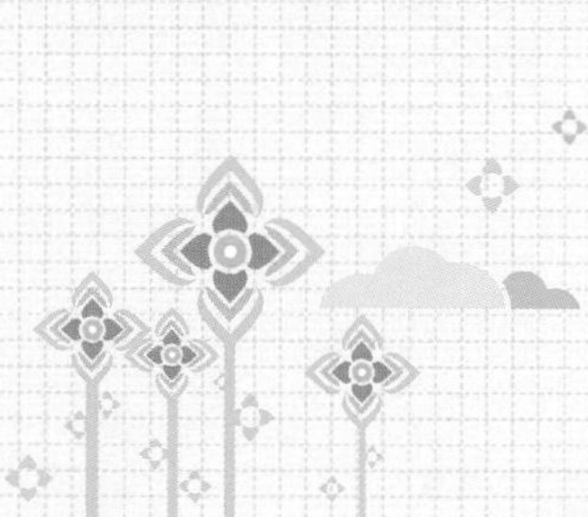

他靜靜坐著，聆聽風兒在樹木間與山頂的低語，還有湖水輕輕拍打湖岸的聲音，一切就如他想像中那麼好，甚至更美好。

年輕人感受到前所未有的自由。他希望可以跟自己關愛的人分享這種感覺。

他回頭看自己住的山谷，覺得回家真是太好了。

但是在回家前，他想跟老人再見一面。他仔細想像著和老人在山頂上再度見面的情景。

他多麼幸運，能在還年輕的時候就改變生命！他瞭解到，用不著等老了才能得到智慧。

他俯瞰著山谷，發現了一條之前沒看到的捷徑。

他想：「真令人讚嘆啊！高處的視野寬廣太多了。我猜重點在，處於低谷的時候，應該想像假如自己是在高峰，可能看到什麼景象。」

他很開心地想到，在山谷時可能還會有別的體悟。看樣子，他的下一個低谷不至於太痛苦，說不定甚至對他有好處呢！

他打算走捷徑回去找老人。「現在我知道更好走的路，」他心想，「在山谷的時間就不會太難捱了。」

他等不及要跟老朋友重逢了。

7 SHARING 分享心得

中午過沒多久，年輕人到達了山頂，一看到老人，就跑過去擁抱他。

老人笑了。「好熱情的招呼啊！我都快認不得你了！完全不像第一次在傍晚冒出來的那個年輕人。這趟路很峰迴路轉，是吧？」

「是啊！」年輕人說。「爬那座更高的山，比我想的要花更多時間。」

「我是說，**人生**是趟峰迴路轉的旅程。」

「喔！」年輕人說，「對，當然。」

他說出告別老人後的點點滴滴。

老人問：「你覺得哪些心得最重要？」

「這個嘛……」年輕人說，「我體會到，像我第一次回到山谷的家裡時，只是腦子裡知道峰谷法則，掛在嘴上講，但那樣根本不夠。

「你得實踐峰谷法則。你越是身體力行，越能學習和成長，內心也越平靜、越有成就。

「我也體認到，人生的順境和逆境其實都是禮物，每一份禮物都很珍貴，只是你得先好好經營順境和逆境就是了。

「當我獨自在另一座高峰的時候，花了很多時間思考真理，我真的盡了力。

「現在我很期待再見到親朋好友，我發現也可以從他們身上學到很多事情。」

老人露出微笑。「看樣子，你在山上還有別的收穫。」

「怎麼說？」

老人說：「你也學會了**謙卑**。很高興你有這種轉變，現在你在高峰待久一點的機率增加了。」

年輕人只是咧著嘴笑。

老人說：「記不記得我們第一次見面的時候，你說住在山谷裡很不快樂，好像沒有半件順心的事？」

「對。」年輕人有點窘，「那是因為我沒有體認到，低谷期是我成長的機會——可以用來創造更美好的人生。我只想逃離低谷，沒有從中學習。」

他又說：「現在我看出來了，當我跳脫自身的局限，尋找隱藏在低谷期的契機時，這個契機就可以讓我進入更美好的新境界。」

年輕人繼續思考這一點，補充說：「不曉得這樣講對不對，但我覺得，高峰期的目的是頌揚生命的美好，而低谷期則是學習人生的課題。」

老人微微一笑。「不錯嘛！看你的眼睛這麼有神，可見你已經掌握了不少峰谷法則的真諦。」

年輕人說：「這你也看得出來？」

老人哈哈笑。「沒那麼難發現啦！」

「告訴我，這座山谷的谷底是什麼樣子？這山谷真的很深呢！」

年輕人低頭想了一下，回憶當時的情況。

「我碰到一條水流很急的河，看起來很危險，沒辦法過去，我差點就要掉頭回來了。

「我很怕過不了河，可是我想到，恐懼會讓我們在原地踏步。

「更重要的是，我發現放下恐懼、跳脫自身的框架，真的**可以**把低谷變成高峰。」

「怎麼說？」老人聽出了興味。「你做了什麼？」

「我想到爬到下一座高峰的好方法，是創造並且追隨**理想願景**——一個符合我理想的願景，而且是只要我夠賣力，就能做到的可行目標。

「我運用我的感官，想像自己開心地在高峰上。我想像在上面可以看到、摸到、嚐到、聞到、聽到的一切，想著想著，就不再害怕，有了力氣和熱情放手一搏。

「我繼續沉浸在理想願景中，直到想出到達目的地的方法。我用繩子套住對岸的樹樁，拉著繩子過河。」他輕描淡寫，沒說出過程其實很驚險。

「我到了對岸，爬到山頂。」

老人問：「那裡是什麼樣子？」

年輕人的眼睛閃閃發亮。「那裡……棒呆了！」

老人笑了。「怎麼個棒法？」

年輕人遙望著那座高峰。「視野棒得讓人屏息啊！可以看到我跋涉過的山谷，也看得到這座山峰。」

他的視線回到老人身上。

「但最重要的是，我明白了為什麼你把『真的』掛在嘴上，例如：對順境要**眞的**感恩、步步為營，在逆境要**眞的**學習，改善情況。

「你的意思是看見**眞相**！不是去看我希望怎樣或恐懼什麼，而是認清順境或逆境的實際情況。

「現在的我，希望以後碰到高峰期和低谷期的時候，都能對真相多幾分好奇心。我會問自己：**這件事情的實際狀況是什麼？**」

老人說：「我起『真理疙瘩』了，一般人會說是『雞皮疙瘩』，而我聽到真理的時候都會這樣。」

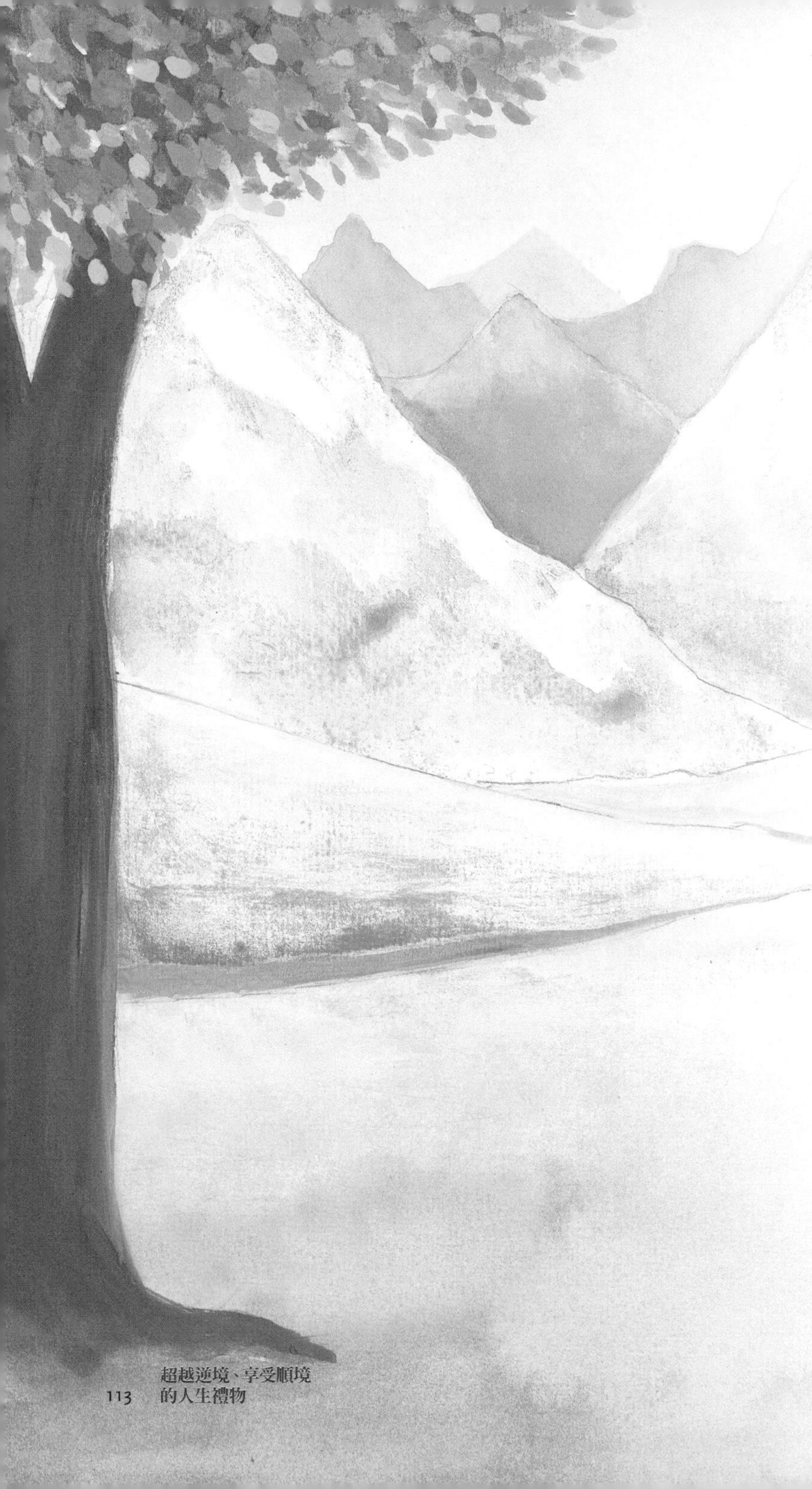

年輕人笑了，向老人道謝。他們繼續聊到年輕人應該回家的時候。

兩人道別時，不知道這是他們最後一次見面。

USING PEAKS AND VALLEYS

年輕人回到山谷後，親朋好友們都注意到他變了個人。他們覺得和他相處起來比以前愉快，但是不明白原因。

可是，公司的營運亮起了紅燈，損失甚至更慘重。

年輕人想起他剛進公司的時候，當時公司的未來仍是一片光明，他納悶公司怎麼會淪落到今天的局面。

他想起以前他們會熱情地尋找各種方法，讓公司各方面都好上加好。

他們常常捫心自問，絕不認為自己無所不知，不把任何事情看成理所當然。

可是他們被成功沖昏了頭，沒有持續當初讓公司成功的作法。他們失去了迫切感和好奇心。

Peaks and Valleys

公司走下坡後，很多人開始著急，甚至生氣，儘管試圖補救，力氣卻用錯方向，不是責怪別人，就是替自己辯解。

怪不得公司好像永遠爬不出低谷。太多員工的想法和作為只是讓公司的谷底一再加深，不斷延長。

有一天，傳來一件全公司都覺得很糟的壞消息。

原本只有他們公司會生產某種利潤極高的獨特產品，現在一家規模大很多的公司也進軍這個領域，設計出類似的產品，而且價格比較低。大公司的行銷預算很高，說不定輕而易舉就能讓他們關門大吉。

年輕人服務的公司推出新的行銷計畫，但沒人指望什麼。

年輕人召開部門會議，請每位同事思考兩個問題：

這件事情的實際狀況是什麼？我們如何運用潛藏在逆境裡的契機？

他鼓勵大家盡力想出最好的答案，在第二天早上的緊急會議提出。

會議開始後，一位女同事說：「沒人比我們更瞭解這種產品。我們客戶多，而且客戶使用這項產品的時間比誰都久。」

有人補充：「實際狀況是他們有大筆的行銷預算，我們得用我們的優勢把他們比下去。」

大家一致同意這兩點都是事實。

然後年輕人問：「那這場危機裡潛藏什麼契機，可以給我們優勢？」

一位比較年長的男同事說：「如果我們全力去設計比他們好很多的產品，領先他們呢？」

忽然間，年輕人的團隊看到了潛藏的契機：競爭對手的龐大行銷預算，將會打開這一類產品的知名度——但**他們**才有市場上最棒的產品。

也可以說，競爭對手其實是在替他們打廣告！

年輕人問大家是否願意創造並追隨一個**理想願景**——也就是符合他們理想的美好遠景。

大家同意了，開始編織具體、可信的細節，想像著擁有遙遙領先對手的產品將是什麼樣的情況——消費者會愛不釋手，買回去使用，**並且**向別人推薦。

他們想像著自己聽取市場的意見，瞭解消費者**真正的**期望。會議結束後，他們將結論告訴公司的其他部門。

他們**成功了！**全公司都採納他們的意見，為產品增加了消費者最想要的優異功能。等到勁敵的大型行銷活動起跑時，他們公司已經大幅改良產品，購買的消費者多了很多。

他們得到服務一流的名聲，有口皆碑，公司的獲利提升了。

大家的飯碗很快就更加穩固。

年輕人與公司的其他同事分享他實踐峰谷法則的更多心得。

大家討論著峰谷法則，意識到自己之前太自大，才會從高峰跌落。他們發誓再也不會驕傲自滿。

年輕人的部門獲得加薪。他們持續尋找幫助公司的新方法，提出問題，也不會假裝自己什麼都懂。

年輕人樂見公司重返高峰，但他也知道，如果他們沒有在順境時步步為營，也會輕易跌回低谷。

他記得自己的心得：

如何在高峰待久一點：謙卑、感恩；多做讓你爬上高峰的事；好還要更好；多爲別人盡心；爲日後的低谷預留資源。

他露出微笑，知道自己終於學會在順境穩紮穩打。

他決定未來要改變作法，將增加的薪水一部分拿去儲蓄，一部分用在投資。如此一來，將來遇到不可避免的低谷期時，就有撐過去的本錢。

有一天，年輕人既驚訝又開心地得知，他升遷了！

他急著想告訴家人跟心上人這個消息。

想到這裡，他的心往下沉。

上次他說出升官的好消息時，卻引來大家的反感。

他想起，之前他的事業開始起飛時，他變得很傲慢，而且自己沒發現。

他記起那時朋友都在躲他，也包括他喜歡的女孩。

現在，他很怕狂妄的態度會毀掉自己和她的感情。

但他沒有因為恐懼而喪氣，決心善用他的新峰谷法則。他會少說話，多做事。

「假如我真的失去這段感情，」他跟自己說，「我會相信這個低谷裡也潛藏契機。

「更棒的是，等我學會謙卑一點，好好體貼她，說不定我跟她會走得更近。」

他笑自己。「謙卑一**點**？」他大聲說。

他決定成為更貼心、更迷人的男人。

現在他相信，用愛取代恐懼，讓自己更體貼，就更可能**被**愛，吸引美滿的感情進入他的人生。

在往後的日子裡，他創造了另一個**理想願景**。這回，他想像自己變成意中人會想長相廝守的人。或許，更重要的是，是變成**自己想要做**的人。

他想像美好新自我的各種細節。他不會自以為是，跟人相處要風趣，但也要盡力追求在生活和工作上都有卓越的表現。

他會是為世界盡心的人——貢獻或許很小，卻很重要。還有，他永遠不會將最親近的人視為理所當然。

為了改變一下，年輕人沒跟半個人提起這項計畫。他只是持續想著未來的遠景，在心理跟精神上都很清楚自己追求的改變。

然後他開始**執行**改造計畫——先從小事做起。隨著時間過去，他越來越像自己想像中的那個人。

他記起很久以前問過：**在低谷裡到底該怎麼自處？**

現在他在筆記本寫下答案：

想早一點走出低谷期
就要設法跳脫
自我的框架：

在工作上
多盡一分心力，

在生活裡
多一點體貼。

*You Get Out Of A Valley Sooner
When You Manage To Get
Outside Of Yourself:*

*At Work, By Being Of
Greater Service,*

*And In Life, By Being
More Loving.*

在他展開新職務之前的某個傍晚，父母為他舉行了一場小型慶祝會，朋友們幾乎都來了，包括現在跟他已經很談得來的那個女孩。

那天深夜，他問起父親年輕時的生活。聽著父親娓娓道出人生旅程上的高峰與低谷，他意識到父親也有自己的智慧。

久而久之，他和父親的感情越來越親密。

年輕人持續飛黃騰達，父母很替他高興。

他偶爾仍然會和父母鬧意見，但他不再處處護著自己，爭執也很溫和，多數會變成深入的討論。

年輕人後來又有了很多新發現。他發現，有些最實用的道理簡單得出奇：每次當他不知道應該怎麼脫離低谷期時，就想到高峰與低谷恰恰相反。因此，他會看看自己陷入低谷的原因，反其道而行——就能得到相反的結果了！

這道理淺顯得驚人，效果卻好得令他訝異。

年輕人年歲漸長，走過低谷的身段越來越優雅、穩健。

儘管忙碌，他仍然抽空在山谷的青草地散步——他的心上人常常跟在他身邊。

有一天，他接到令人悲痛的消息。他知道這一天遲早會來的——山上的老人過世了。

認識老人的人都說感覺得到他的存在，特別是在山頂一帶，感受更為強烈。即使在老人過世很久以後，山谷裡的朋友仍然很思念他。

年輕人望著屋外的山谷。他害怕自己生命中很重要的一部分已經消失，一去不回了。他對老人的情誼很深厚，現在他覺得孤單、覺得不快樂。

他的心很痛，思考著實際狀況是什麼。

他想像老人的聲音說：**當你渴求自己缺乏的事物，你就處於低谷……**

他笑了，喃喃接完老人的話：

「**當你對現況感恩，你就處於高峰。**」

他思考著哪些事情值得感恩。

實際上，現在他擁有一套工作與生活的哲學，不論遇到順境或逆境，內心都明顯寧靜、平順得多。

這些都多虧了他的老朋友。

他知道不過就在片刻前，他還置身於個人的低谷裡，因為他覺得老人應該繼續陪在他身邊，和他分享對生命的智慧與熱情。

但是現在，年輕人深吸一口氣，看看什麼才是**實際狀況**——而不是去看他希望現在如何，或恐懼實際情況是如何。

實際狀況是如果善加利用老人饋贈的禮物，足可讓他和他周遭的人受用不盡。

或者可以說，老人的精神在他**心裡**，永遠與他同在。

他眼眶濕潤，感受到今生能有這樣一位好朋友的悲與喜。

他意識到，工作與生活會不斷遇到高峰與低谷。

他會經歷財務、情緒、靈性的高低起伏，體驗健康、疾病、喜樂和痛苦。

他接受了那些高低起伏的重複模式，只是人生在世複雜而豐富的一部分。

但現在他知道奉行峰谷法則，真的可以幫助他好好面對順境和逆境。

他想著自己的工作和人生的變化有多大，而他對老朋友又是如何感激，想起

當你渴求自己缺乏的事物，你就在低谷裡；
當你對現況感恩，你就在高峰上！

兩人第一次見面時，他曾經答應過一件事。

「我會告訴你峰谷法則，」老人這麼說過，「我的條件就跟我朋友開出的一樣——如果你聽完了覺得受用，看看有沒有辦法跟別人分享。」

年輕人原本認為自己已經竭力信守承諾，但現在他想要多盡一分心力。他想要找到更好的方法，將老朋友贈送的這份大禮與更多人分享。

於是，他走到朋友的河邊小木屋，獨自思考。

他問自己，峰谷法則對他來說最受用的是哪些部分。他回想個人經驗，重溫他的筆記，有好幾點他都覺得很有幫助。

最後，他開始做摘錄，記下他覺得獲益最深的幾條，文詞簡潔，這樣才可以全部寫在一張小卡片上。

他打算將卡片送給有心瞭解的人。

他笑著想到，這張小卡片也會是提醒**自己**的利器。有了卡片，他會更常記得使用高明的峰谷法則及工具。

之後幾個月，他找到好幾個分發摘要卡片的助人機會。

要點／善用工作和生活中的高峰與低谷

面對順境與逆境：

擁抱現實。

無論你是暫時在高峰或低谷裡，問自己：

這件事情的實際狀況是什麼？

如何早日脫離低谷：

找出潛藏在逆境裡的契機，加以利用。

放輕鬆，低谷總會過去。怎麼陷進低谷，就反其道而行。跳脫個人框架：在工作上多盡一分心力，在生活裡多一分體貼。避免和別人作比較。找出潛藏在逆境裡的契機，趕快採取行動，這樣對你最好。

如何在高峰待久一點：

對順境感恩，明智地經營順境。

謙卑、感恩。多做當初讓你爬上高峰的事。好還要更好。多為別人盡心。為日後的低谷預留資源。

要到達下一座高峰：

追隨理想願景。

想像自己沉浸在美好未來的樣貌，要描繪出具體、可信的細節，不久之後，你就會為了實踐願景而樂於**吃苦耐勞**！

幫助別人：

樂於與別人分享！

協助別人也學會面對順境和逆境。

9 享受高峰
ENJOYING A PEAK

幾十年後，昔日的年輕人也老了。

他早就搬到自己的山頂上，多數時候都住在那兒，偶爾回到山谷裡。

有一天午餐後，他坐在樹下，欣賞壯麗的景色。

他回顧人生，想起年輕時自己創造了很多順境和逆境，卻不自知。

他懷念著老人。老人和他分享了無價的道理，教導他面對人生旅程中的高低起伏。

老人令他的工作與生活改觀，不論順境或逆境，他都能泰然處之，成功面對。

他記得自己虧欠了老人多少恩情。

然後，他笑著想像老人的聲音提醒他，他真正應該感謝的是願意學習，並**使用**峰谷法則的人。

這時他聽見聲響，轉身去看。

但他什麼也沒看到，於是又回到自己的思緒中。

他珍惜回到山谷裡的時間，但他大都喜歡待在自己在高峰上蓋的溫馨住家。

他喜歡邀請親友來山上做客。大家公認他是慷慨的主人，也是體貼的朋友。

多年來，他都擁有幸福的婚姻，妻子正是當年那位特別的女孩，她深愛著他。

他意識到一個人住在哪裡並不重要，重要的是**怎麼**生活。

不論是像他父母一樣住在豐饒的山谷裡，或是像老人一樣住在雄偉的山頂上，都無所謂。

現在他實踐自己的知識：一段喜樂、豐富的人生，自然會有高峰與低谷的起伏變化。到頭來，他覺得自己不僅擁有平安順遂的人生旅程，而且連終點都還沒到，就已經了無遺憾。

他笑了。

他剛剛覺得好像聽到了什麼，現在那聲音越來越響，也越來越近。他抬頭，看到一個嚇了一跳的女孩。她說：「對不起，我不是故意打擾你的。」

她說自己從山谷的家園走了很長的山路，才來到這座山峰。她看起來累壞了。

他們開始交談，女孩很訝異自己會向素昧平生的人，描述自己在山谷的難題。

這個女孩也不明白為什麼，但她覺得眼前的老人有股特殊的氣質。這時的年輕女孩，絕對猜不到自己遇見了世界上內心最寧靜、最成功的人。老人就像一位普通的和藹長輩。

一段喜樂、豐富的旅程，
自然會有高峰與低谷的起伏變化。
現在開始，
請盡情享受你的人生！

時間漸漸過去，他們談論起老人口中的峰谷法則。他說那是一套需要技巧的法則——這是一種看待事物與做事的方法，可以讓你在順境與逆境裡更冷靜而成功。

他注意到她仔細聆聽，希望她回去會奉行這套辦法。這個女孩比他當年上山的時候更年輕呢！他心想：**學會如何面對順境和逆境，永遠不嫌早**。

傾聽許久後，她問：「我可不可以跟朋友和幾位同事分享這些東西？」

老人笑咪咪地說：「妳搶走我要說的話了，妳考慮得真周到。

「太好了，假如妳願意……

跟別人分享吧！

Share It With Others.

在說完故事之後

After
The Story

安說完故事時，注意到雨停了。麥克陷入沉思。

最後他說：「這頓晚餐很愉快，更重要的是，妳說了很多我應該想想的話。應該說，我在想怎麼把這個故事套用到生活裡。我的狀況很複雜。」

安點點頭。「我剛聽到這個故事的時候也跟你一樣，後來我才想到，或許是我把事情想得太複雜了。」

「怎麼說？」麥克問。

「我越去思考故事內容，越覺得……嗯，其實這些都是很棒的常識。」

麥克慢慢啜飲著咖啡。「故事的寓意很深遠。」他頓了頓，又說：「希望我會記得去運用。」

安從皮包裡拿出一張小卡片遞給他。「來，這可能派得上用場。」

麥克看到那是應付順境與逆境的峰谷法則摘要。他說：「太感謝了！」

安露出微笑。「不客氣。再說，我答應過當初告訴我這個故事的人，一有機會，我就會——」

「和別人分享？」麥克說。

安露出笑容。「你怎麼猜到的？」

隨後幾天，麥克思考著如何運用聽完故事的心得，解決他面對的問題。麥克上班的軟體公司開始將大量工作發包到海外，他覺得自己的工作可能就是下一個。

這場逆境裡潛藏了什麼契機？他看不出任何契機。

這件事情的實際狀況是什麼？實際狀況是，他是業界的高手。但另一個實際狀況是，這一行的市場正在萎縮。但果真如此嗎？

多爲別人盡心。這又要怎麼套用到這個情況？

高峰與低谷相連。**在今天的逆境做的聰明事，會開創明天的順境**。

他的公司是否留戀過去？或許他們得換個角度，看能不能為不同類型的客戶服務。

也許該是想像下一座高峰的時候了——要有全面、真實的細節。

他找了幾位比較能接受新想法的同事，說出自己的點子。

他們組成一個工作小組，找到幾個創新的方式，為更多客戶提供更棒的服務。當他們**採取行動**實行計畫後，狀況大為改觀！

他們做得越多，狀況越有起色。

公司的營運逐漸步上正軌，麥克的心便轉向家庭。

他和太太琳達相處得並不好。夫妻倆的工作壓力、左支右絀的財務，嚴重打擊他們的婚姻。

麥克記得他和琳達新婚時的幸福。

多做當初讓你爬上高峰的事。

他們那時候為什麼幸福？他們應該重拾哪些事呢？

他記得以前自己常常注意到，琳達很多方面都很討他喜歡，令他欣賞。現在，他是不是把琳達的優點都視為理所當然？

他設法跳脫自己的框架，更體貼一點。他開始為她做一些小事。不久，琳達就注意到了。

後來，他對妻子說了高峰與低谷的故事，以及故事對他的影響。

「我們的感情真的融洽多了。」他說，沉吟起來。

琳達說出他在想的事。「是沒錯，但你跟凱文還在深谷裡。」

麥克點點頭。他跟青少年的兒子處得很糟，幾乎不說話。

他希望凱文認真讀書，別花那麼多時間跟朋友玩音樂。

他思考這件事好幾天，問自己：**這件事情的實際狀況是什麼？**

實際狀況是他不認同兒子對音樂的興趣，兒子卻**熱愛**音樂。

空想不會帶來行動。麥克知道自己必須停止空想，**擁抱現實**。

他決定替父子倆打造一個理想願景。他想像著自己想做哪種父親、想和兒子擁有哪種友誼。他無法控制兒子的行為，但他可以控制**自己的**舉動。

他想像自己去聽演奏會，而樂手是凱文的樂團——聽眾的歡呼和鼓掌、凱文臉上的喜悅和自豪。演奏會結束後，兒子在後台給他熱情的擁抱。

然後，他**採取行動**，讓他想像中的高峰可以成真。

他停止批評兒子，開始到地下室聽兒子的樂團練習。他什麼也沒說，只是聆聽、微笑，在上樓時揮揮手。

凱文沒有立刻領情，但時間久了，他開始回應爸爸的轉變。

琳達也注意到了，問：「我那個最愛挖苦人的老公去哪裡了？」

麥克笑了。

琳達開始思考，自己是不是也能在工作上應用峰谷法則。

她教書的學校才剛剛再度縮減預算，陷入困境。

有一天，她跟一位交情不錯的同事說了高峰與低谷的故事，這個老師有了主意：何不教學生這套峰谷法則呢？

她們兩人設立了峰谷法則讀書會，利用放學後的時間，教導學生如何應付他們的逆境，以及怎麼善用順境。

不久，峰谷法則開始影響很多孩子的生活——也改善了老師的生活。這套辦法還流傳到其他學校，琳達負責主持這項教學計畫。

琳達很喜歡跟麥克分享工作的點滴。有一天晚上，他們決定去吃一頓來慶祝，地點就是麥克聽安．卡爾說高峰與低谷故事的那家小館子。

他們都知道，自己的工作和生活都更上一層樓，但他們是實在的人，知道將來極可能會再遇到逆境。

然而，他們也明白，現在他們懂得一套出色的原則和實用的方法，可以協助他們更輕鬆自在地面對順境和逆境。

他們也很開心地知道，以後還會有很多機會和別人分享這個故事。

國家圖書館出版品預行編目資料

峰與谷：超越逆境、享受順境的人生禮物/ 史賓賽．強森(Spencer Johnson, M.D.)著；謝佳真譯. -- 初版. -- 臺北市：平安文化, 2009.12 面；公分. -- (平安叢書；第344種 UPWARD；26)
譯自：Peaks and Valleys
ISBN 978-957-803-755-7 (精裝)
1.成功法
177.2 98019735

平安叢書第344種
UPWARD 026

峰與谷

超越逆境、享受順境的人生禮物

Peaks and Valleys

作　　者—史賓賽．強森
譯　　者—謝佳真
發 行 人—平雲
出版發行—平安文化有限公司
台北市敦化北路120巷50號
電話◎02-27168888
郵撥帳號◎18420815號
皇冠出版社(香港)有限公司
香港銅鑼灣道180號百樂商業中心
19字樓1903室
電話◎2529-1778　傳真◎2527-0904
外文編輯—洪芷郁
美術設計—王瓊瑤
印　　務—林佳燕
校　　對—鮑秀珍．邱薇靜．丁慧瑋
著作完成日期—2009年
初版一刷日期—2009年12月
初版二十三刷日期—2022年9月
法律顧問—王惠光律師

讀者服務傳真專線◎02-27150507
電腦編號◎425026
ISBN◎978-957-803-755-7
Printed in Taiwan
本書定價◎新台幣250元/港幣83元